Wordpress SEO 2019

Bessere Rankings, mehr Traffic und mehr Leser für deinen Blog

Stefan Rodemann

Inhaltsverzeichnis

„Gute Entscheidung!" – ein kurzes Vorwort

Ein freundliches „Hallo"!

Und danke, dass du dich für mein Buch *Wordpress SEO 2019* entschieden hast. Du wirst diese Entscheidung sicher nicht bereuen. Denn es gibt gute Gründe, warum du dich mit SEO-Maßnahmen beschäftigen solltest, wenn du eine eigene Internetseite mithilfe von Wordpress betreibst.

Ursprünglich ist Wordpress ein **Content-Management-System, kurz: CMS,** mit offenem Quellcode. Gedacht war es für die Gestaltung und Veröffentlichung persönlicher Blogs. Und das ist bis heute wohl auch die häufigste Verwendungsart. Allerdings bei weitem nicht die einzige. Dank der großen Entwicklergemeinde kann man mit Wordpress genauso gut professionelle Internetseiten für Firmen, Online-Shops und vieles mehr erstellen. Der Kreativität sind dabei kaum Grenzen gesetzt.

Die Probleme der Webseiteninhaber bleiben hingegen gleich. Auch eine Internetseite mit hervorragendem Design und qualitativ hochwertigen Inhalten benötigt vor allem eines: Besucher. Wenn niemand deine Inhalte wahrnimmt, erstellst du sie beinahe umsonst. Mehr Besucher oder allgemein **mehr Traffic (d.h. mehr Zugriffe auf deine Inhalte)** erhöhen nämlich deren Wert.

Ob du nun Geld mit Werbung, als Influencer oder als Inhaber eines Shops verdienen willst, sind mehr Besucher immer gleichbedeutend mit potenziell höheren Einnahmen. Am Ende macht es aber auch einfach mehr Spaß, neue Inhalte für eine große Leserschaft zu verfassen, als für einen Kreis von Empfängern, der nur aus Verwandten besteht. Und genau an dieser Stelle kommen **SEO-Maßnahmen** ins Spiel.

SEO, das steht für „Search Engine Optimization" oder auf Deutsch: *Suchmaschinenoptimierung*. Es gibt unzählige Statistiken und Untersuchungen, die belegen, dass der Großteil der Internetnutzer nur über Suchmaschinen auf Internetangebote zugreift. Aber was heißt das nun für dich?

Ganz einfach: deine Wordpress-Seite muss so gestaltet sein, dass Suchmaschinen die Inhalte schnell und zutreffend erfassen können. Vor allem müssen sie die Inhalte als entsprechend qualitativ hochwertig bewerten. Denn nur dadurch wird deine Internetseite weiter vorne in den Ergebnissen von Google & Co. aufgeführt. Und das ist das Ziel! Immerhin klicken die meisten Internetnutzer nur auf die Suchergebnisse der ersten Seite.

Dieses E-Book wird dir in den nächsten Tagen dabei helfen, genau dort mit deiner Wordpress-Seite platziert zu werden. Dazu erkläre ich dir auf den folgenden Seiten **grundlegende SEO-Strategien** und wie du diese sehr einfach und zum Teil automatisiert umsetzen kannst. Zwar kann ich nicht bis in das kleinste Detail auf alle Feinheiten eingehen. Aber was du im Folgenden lernst, wird dir jede Menge neue Besucher verschaffen.

Ich habe zudem versucht, den Anteil an Fachausdrücken möglichst gering zu halten. Nach Möglichkeit wird also alles so erklärt, dass man es auch ohne Vorkenntnisse gut verstehen kann. Dabei setze ich allerdings voraus, dass du bereits eine eigene Internetseite mit Wordpress betreibst. Solltest das nicht der Fall sein, hilft dir vielleicht zunächst mein Buch *Erfolgreich Bloggen*. Es ist ebenfalls auf Amazon als E-Book, aber auch als Taschenbuch erhältlich.

Grundlegende SEO-Strategien und -Ansätze

Was ist SEO eigentlich?

Wie im Vorwort schon angerissen, ist die Abkürzung SEO gleichbedeutend mit dem deutschen Begriff *Suchmaschinenoptimierung*. Kurz gesagt geht es darum, die eigene Internetseite möglichst unter den ersten Ergebnissen von Suchanfragen zu platzieren, damit möglichst viele Internetnutzer auf den eigenen Eintrag klicken. Mehr Besucher steigern den Wert der eigenen Internetseite und somit die Einnahmemöglichkeiten.

Um dieses Ziel zu erreichen, stehen dir verschiedene Mittel und Wege zur Verfügung. Es lassen sich daher auch verschiedene SEO-Bereiche unterscheiden. Auf die **technische Optimierung** deiner Wordpress-Seite werde ich in diesem Buch nicht eingehen. Dieser Bereich ist ohnehin nur bedingt mit Wordpress möglich oder sinnvoll umsetzbar. Nach Möglichkeit solltest du darauf achten, dass das *Theme* (das Design) deines Internetauftritts bereits für Suchmaschinen optimiert ist. Ansonsten benötigst du an dieser Stelle bereits grundlegende Programmierfähigkeiten, um tätig werden zu können.

Wir werden uns auf den folgenden Seiten daher eher den folgenden Punkten widmen:

- *Die besten Keywords finden,*
- *hochwertigen Content erstellen,*
- *Backlinks effektiv aufbauen,*
- *Social Signals automatisieren und*
- *vieles mehr.*

Außerdem werde ich dir an der einen oder anderen Stelle **Tipps und Tricks** verraten, mit denen du diese Punkte vergleichsweise einfach handhaben kannst. Zum einen mithilfe von Plugins, zum anderen durch die Nutzung verschiedener Internetdienste. Deswegen solltest du dir aber keine Sorgen machen – Kosten werden dir im Regelfall dadurch nicht entstehen!

Vielmehr wollen wir mit geeigneten Maßnahmen ganz konkrete Ziele erreichen. Und diese Ziele sollst du am Ende auch stetig kontrollieren können. *Doch welche Ziele sind damit gemeint?*

Die wichtigsten Ziele für die SEO-Strategie deiner Wordpress-Seite

Vielleicht wunderst du dich gerade. Habe ich nicht bereits hinlänglich geschrieben, welches Ziel wir in diesem E-Book verfolgen? Ja, genau genommen habe ich das! *Es geht natürlich darum, möglichst viele Besucher auf deine Internetseite zu locken.* Genau dafür willst du immerhin Wordpress vorbereiten. Aber dieses Ziel ist viel zu allgemein gehalten. Dann sind wir wieder bei all den verschiedenen Bereichen, die das Thema SEO beinhaltet.

Deswegen müssen wir unsere Ziele enger stecken. Einerseits lassen sie sich dadurch besser erreichen. Kleine Schritte kann man schließlich einfacher machen, als sich direkt an die großen zu wagen. Andererseits können solche Ziele auch besser kontrolliert werden. Und diese Kontrolle ist wichtig, wenn du den Erfolg und die Bekanntheit deiner Internetseite steigern willst. Letzteres ist nämlich auch das untergeordnete Ziel zu „mehr Besuchern".

Außerdem können wir erst von genau bestimmten Zielen die erforderlichen Maßnahmen, also unsere Strategien ableiten. Für dieses E-Book habe ich folgende Ziele zugrunde gelegt, die du in den nächsten Tagen und Wochen problemlos erreichen können solltest:

1. Für deine Internetpräsenz mit Wordpress benötigen wir sehr gute *Keywords* (Stichwörter). Wir benötigen also mögliche Begriffe und Fragen, die Internetnutzer in Suchmaschinen eingeben, um Seiten wie deine zu finden.
2. Mithilfe der Keywords müssen wir deine *Inhalte prüfen*, sie *eventuell überarbeiten* und eine *möglichst hohe Qualität* dabei gewährleisten.
3. Ist deine Wordpress-Seite erst einmal soweit vorbereitet, müssen wir deine *Inhalte bekannt machen*. Und zwar breitflächig. Dazu müssen wir verschiedene Plattformen einsetzen und die Verbreitung neuer Inhalte möglichst automatisieren.
4. Damit verbunden wollen wir eine große Anzahl sogenannter *Backlinks erzeugen*. Aber auch hier gilt es eher Qualität als Quantität zu bevorzugen.
5. Und so sollen sich schließlich bereits *nach wenigen Tagen die ersten Veränderungen hinsichtlich der Zugriffszahlen* bemerkbar machen.

Diese Ziele habe ich nicht willkürlich für dich ausgesucht. Sie basieren unter anderem auf meiner eigenen Erfahrung bei der Verbreitung von Inhalten mithilfe von Wordpress. Allerdings basieren sie auch auf gut nachvollziehbaren objektiven Feststellungen und Trends. Und diese solltest du ebenso kennen und bei der zukünftigen Gestaltung von Inhalten und möglicher weiterer Wordpress-Seiten beachten.

Top 5 SEO Trends, die du 2019 kennen musst!

Das Thema SEO ist, wie du eventuell bereits weißt, nicht neu. Grundlegende Techniken gehören heute zum Repertoire jedes gewerblichen Webseitenbetreibers, jeder Marketingagentur und versierter Programmierer. Allerdings ist die Thematik im Laufe der Zeit deutlich komplexer geworden. Und das aus einem einfachen Grund.

Suchmaschinenbetreiber, insbesondere Google, haben schnell festgestellt, dass ihre Services mit den entsprechenden Maßnahmen manipuliert werden können. *Um aber die Qualität der angebotenen Suchergebnisse möglichst hochzuhalten, arbeiten sie stetig an der Verfeinerung der Mechanismen und integrieren neue Technologien.* Dadurch verändert sich gleichzeitig die Art und Weise, wie die einzelnen Ergebnisse bewertet werden.

Manche dieser Grundsätze, bleiben im Allgemeinen erhalten. Andererseits werden sie aber um zusätzliche „Routinen" oder Bewertungsmaßstäbe ergänzt. Aktuell gibt es allein bei Google über 200 verschiedene Kriterien, die bei der Auswahl und Platzierung der Suchergebnisse in der bekannten Liste berücksichtigt werden. Dennoch können einzelne Faktoren bestimmt werden, die einen besonders starken Einfluss auf die Bewertung haben. Für 2019 solltest du die folgenden Trends in jedem Fall kennen!

Berücksichtigst du sie, wirst du sehr viel leichter gute bis sehr gute Platzierungen für deine Inhalte erzielen.

1. Inhalte werden noch wichtiger als sie es jetzt schon sind

In Marketing-Fachkreisen und u.a. unter Blog-Betreibern gibt es eine häufig zitierte Binsenweisheit: *Content is king!* Und um es vorweg zu nehmen: sie gilt mindestens schon genauso lange, wie es das Internet gibt. Das wird sich wohl auch in 2019 nicht ändern. *Ganz im Gegenteil: deine Inhalte könnten dieses Jahr noch wichtiger werden, als sie es bereits sind.* Denn die Qualität gewinnt dieses Jahr vermutlich massiv an Bedeutung.

Hochqualitative Inhalte sind gefragt. Und das bezieht sich nicht rein auf die veröffentlichten Texte. Sämtliche Arten von Inhalten werden stärker in die Bewertung einfließen. Deswegen solltest du möglichst viele verschiedene Inhaltsarten anbieten. Kombiniere deine Textbeiträge mit Videos, Podcasts, Webinaren, Videos, Infografiken und mehr. Je vielfältiger deine Inhalte sind, umso besser wirst du von den Suchmaschinen bewertet werden.

Allerdings solltest du die allgemeine Struktur deiner Beiträge nicht aus den Augen verlieren. Denn Suchmaschinen werden Struktur genauso untersuchen, da immer mehr Internetnutzer sehr spezifische Suchanfragen stellen. Einfache Mittel, um sich dahingehend zu verbessern, ist die Verwendung von Zwischenüberschriften, Listen und einfacher Sprache.

Wenn deine Inhalte zusätzlich noch deine Besucher zu Interaktionen animieren, wird deren Qualität sehr hoch eingestuft werden. Solche Interaktionen können zum Beispiel Kommentare sein. Aber auch der Abruf weiterer deiner Beiträge wird dir zu Pluspunkten verhelfen. Vor allem kannst du damit die sogenannte *Bounce Rate* verbessern.

Die *Bounce Rate* gibt an, wie viele deiner Besucher über eine Suchanfrage auf dich aufmerksam werden und nach Aufruf deiner Inhalte den „Zurück"-Button nutzen, um zu ihr zurückzukehren. Je mehr Besucher das tun, umso schlechter werden deine Inhalte bzw. dein Blog bewertet. Sorge also auch deswegen für hochwertige Inhalte. Je besser und interessanter deine Beiträge sind, umso weniger Besucher werden direkt zur Suche zurückkehren! Oder flüchten...

2. Die „Dwell Time" als Zeichen von Qualität

Die *Dwell Time* ist eine zweite wichtige Größe. Sie gibt an, wie viel Zeit die Besucher auf deinem Blog verbringen, bis sie zu den Suchergebnissen zurückkehren. Je weniger Zeit man also mit dem Lesen deiner Inhalte verbringt, desto geringwertiger werden deine Beiträge eingestuft. Da die Anzahl der Internetnutzer und die Zeit, die sie im Internet verbringen, stetig steigen, scheint diese Größe vergleichsweise aussagekräftig zu sein.

Aber wie kannst du Besucher dazu animieren, länger auf deinem Blog zu bleiben? Auch hier kommt es natürlich wieder auf deinen Content an. ***Je hilfreicher dieser ist, umso länger werden sich die Leute mit ihm beschäftigen.*** Statt den Besuchern allerdings etwas ganz Besonderes zu versprechen, solltest du möglichst auf dem Boden bleiben und zutreffende Überschriften oder Beschreibungstexte wählen.

Andernfalls können deine Bemühungen das genaue Gegenteil bewirken. Stellen deine neuen Besucher nämlich fest, dass du deine Versprechen nicht einhalten kannst, werden sie deinen Blog noch schneller verlassen. Die Formel ist entsprechend einfach:

Ansprechender Content verlängert die Dwell Time und verbessert damit dein Ranking!

3. Google RankBrain gewinnt weiter an Bedeutung

Das *Google RankBrain* ist ein System, das auf künstlicher Intelligenz basiert. Es lernt und verbessert die Algorithmen, mit denen die Suchmaschine arbeitet. Einfach ausgedrückt, versucht RankBrain einzuschätzen, was die Nutzer suchen. Es merkt sich Suchanfragen, verknüpft sie und will so bessere, vor allem aber relevantere Suchergebnisse erzeugen.

Während viele davon ausgehen, dass Google über 200 Kriterien bei der Bewertung von Suchergebnissen zugrunde legt, sind sich alle einig: *RankBrain gehört zu den Top 3 Faktoren, die das Website-Ranking bestimmen.* Du bist somit fast schon gezwungen, dich mit dem Thema auseinanderzusetzen. Und deine SEO-Strategien entsprechend auszurichten. *Dazu aber gleich eine gute Nachricht vorweg:* wenn du die Bounce Rate und die Dwell Time verbesserst, wird sich das auch bei der Einschätzung von RankBrain sehr positiv auswirken.

Zusätzlich sind sogenannte *LSI Keywords* gefragt. Das sind Wortkombinationen, die aus einem Keyword und weiteren Begriffen, die damit in Zusammenhang bestehen. Diese LSI Keywords sind damit nichts anderes, als jene Begriffskombinationen, die Besucher deiner Seite vermutlich in Suchmaschinen eingeben. Betrachten wir einmal der Titel dieses Buches:

- „Wordpress SEO" ist nicht nur das Hauptthema, es kann genauso gut als Keyword betrachtet werden. Es ist sicher ein Begriff, den alle in eine Suchmaschine eingeben, die Informationen zu diesem Thema suchen.
- „Wordpress SEO Tipps" wiederum ist eine Kombination, die als LSI Keyword bezeichnet wird. Der Begriff „Tipps" konkretisiert das Thema, grenzt also die gesuchten Informationen ein. Und steht in unmittelbarem Zusammenhang mit dem Thema.
- Gleiches gilt für die Kombination „Wordpress SEO Tipps und Tricks". Sie ist noch einmal deutlich spezifischer und eignet sich deswegen hervorragend als Titel für einen Blog-Beitrag, in dem Tipps und Tricks zu dem Thema präsentiert werden.

LSI Keywords sind zentraler Bestandteil einer erfolgreichen SEO Strategie. Im weiteren Verlauf werden wir dieses Thema nicht nur einmal tiefergehender betrachten. Denn mit den richtigen LSI Keywords lockst du Besucher an, mit hochwertigen Inhalten hältst du sie auf deinem Blog und so verbesserst du die Bounce Rate und Dwell Time, also auch dein Ranking!

4. Backlinks liegen weiterhin im Fokus

Über kurz oder lang fällt das Stichwort *Backlinks* immer, wenn über Möglichkeiten der Suchmaschinenoptimierung diskutiert wird. Sie sind und bleiben ein wichtiges Kriterium, um die Platzierung deines Blogs in den Suchmaschinenergebnissen zu verbessern. Grob skizziert, wird der Wert deiner Inhalte umso höher eingeschätzt, je mehr Internetseiten auf deine Beiträge verlinken. Aber ganz so einfach ist es andererseits auch nicht.

Grundsätzlich wird weniger die Anzahl deiner Backlinks gewertet, als das Ansehen der Internetseiten, die sie verbreiten. Verlinkt eine hoch angesehene Internetseite auf deine Beiträge, ist das auch Sicht von Google & Co. in jedem Fall ein deutlicheres Indiz für die Qualität deiner Inhalte. Es ist daher auch nicht sinnvoll, überall auf jeder noch so unbekannten Internetseite die eigenen Links zu streuen. Ein zu schneller Anstieg deiner Backlinks wirkt häufig sogar negativ.

Setze dir stattdessen lieber das Ziel, Backlinks auf angesehenen Internetseiten zu dem gleichen Thema aufzubauen. Zusätzliche kannst du ohnehin nahezu automatisch erzeugen. Der Aufwand wird sich so oder so lohnen. Denn du erhältst nicht nur hochwertige Backlinks. Gleichzeitig wirst du die Aufmerksamkeit eines interessierten Publikums auf dich ziehen.

Auch zu diesem Thema wirst du im weiteren Verlauf noch mehr erfahren. Ich werde dir nicht nur erklären, wie du schnell Backlinks aufbauen kannst. Genauso bekommst du später Tipps, wie du gezielt hochwertige Backlinks generierst. Allerdings empfiehlt es sich, **als erstes für den richtigen Content zu sorgen.** Immerhin können viele Backlinks zwar die Anzahl deiner Besucher erhöhen. Wenn diese jedoch deinen Blog ganz schnell wieder verlassen, wird sich nur deine Bounce Rate und deine Dwell Time verschlechtern.

5. Die Sicherheit deiner Domains wird zukünftig berücksichtigt

Schließlich gibt es noch ein Randthema, dass du nicht aus den Augen verlieren darfst. Gemeint ist die *Sicherheit deiner Internetseite*. Bereits seit Anfang des Jahres wird auch die Sicherheit deiner Domain bei der Bewertung deiner Inhalte berücksichtigt. Google & Co. setzen eine verschlüsselte Verbindung über das HTTPS-Protokoll voraus. Bietest du keine Verschlüsselung an, wirkt sich das negativ auf dein Ranking aus. Immerhin sind Benutzerdaten in deinen Händen eventuell nicht sicher verwahrt oder ausreichend geschützt.

Die einfachste Möglichkeit, diese Hürde zu überwinden, ist der Kauf eines *SSL-Zertifikats*. Nahezu alle Domain-Anbieter haben solche Zertifikate zu günstigen Preisen im Angebot. Ab und an werden die SSL-Zertifikate bei erstmaliger Beantragung sogar kostenlos zur Verfügung gestellt. Das ist unter anderem beim Hosting-Anbieter Namecheap der Fall. Manche Herausgeber, wie zum Beispiel Comodo, liefern darüber hinaus Logos mit aus, damit du deutlich anzeigen kannst, dass du ein vertrauenswürdiger Webseitenbetreiber bist.

Solltest du noch kein *SSL-Zertifikat* für deine Internetseite bzw. für deine Domain haben, fang mit diesem Punkt an. Erwerbe und installiere es, um deinen Besucher zukünftig eine sichere Verbindung ermöglichen zu können. Es wird sich nicht nur auf dein Suchmaschinen-Ranking positiv auswirken. Auch Benutzer werden es begrüßen, dass du die Sicherheit deines Blogs erhöhst.

Bereit zum Starten?

Mit Blick auf die fünf wichtigsten Punkte zum Suchmaschinen-Ranking ist dir sicherlich bereits klar, warum ich dieses Buch wie geschildert aufgebaut habe. Die wichtigsten Faktoren für den Erfolg deiner Internetseite oder deines Blogs lassen sich auf wenige grundlegende Bausteine herunterbrechen. Wie gehen wir also vor?

- Zunächst müssen wir *die richtigen Keywords* für deine Inhalte finden und diese bewerten. Es lohnt sich längst nicht mehr, jedes denkbare Keyword zu bearbeiten. Stattdessen werden wir uns auf solche beschränken, die großes Potenzial und noch nicht sonderlich weit verbreitet sind.
- Haben wir erst einmal passende Keywords gefunden, können wir gemeinsam deine *Inhalte überarbeiten*. Damit wollen wir sie nicht nur an SEO-Erfordernissen ausrichten. Gleichzeitig müssen wir eine hohe Qualität deiner Beiträge sicherstellen.
- Sind die Inhalte aufbereitet, wird es Zeit, sie bekanntzumachen. Wir müssen allgemein den *Bekanntheitsgrad deines Blogs erhöhen*. Wir wollen dazu zunächst einfache und jederzeit möglichst frei verfügbare Mittel einsetzen.
- Dazu werden wir auch *Backlinks und Social Signals erzeugen* müssen. Zum Glück lässt sich dieser Punkt zumindest teilweise automatisieren. Dank der Plugins, die für Wordpress verfügbar sind, ist das überhaupt kein Problem.
- Und hast du das erst einmal alles geschafft, kannst du dich *mit fortgeschritteneren Ansätzen auseinandersetzen*, um deinem Blog zu dem nötigen Erfolg zu verhelfen. Ein paar Tipps und Tricks werde ich dir dazu mit auf den Weg geben. Gleiches gilt für den einen oder anderen Hinweis, auf was du im Anschluss zukünftig achten solltest.

Also, fühlst du dich bereit? Willst du die Arbeit angehen? ***Dann lass uns direkt fortfahren!***

Schritt 1: So findest du die besten Keywords!

Überblick

Wer im Internet nach bestimmten Informationen sucht, nutzt in der Regel eine der vielen Suchmaschinen. Besondere Beliebtheit genießen Google oder beispielsweise Bing. In deren Suchfeld tippen die Nutzer Begriffe, Sätze oder auch Fragen ein, um möglichst zutreffende Ergebnisse zu erhalten.

Als *Keywords* wollen wir im Folgenden eben jene Begriffe, Sätze und Fragen bezeichnen, die zu deiner Internetseite oder zu deinem Blog führen könnten. Für jedes Internetangebot lassen sich unzählige Keywords bestimmen Aber nicht alle sind gleich gut geeignet, um dein Suchmaschinen-Ranking zu verbessern. ***Die Auswahl der richtigen Keywords erfordert entsprechend viel Zeit.***

Gleichzeitig lohnt sich die Mühe. Denn mit den richtigen Keywords werden deine SEO-Maßnahmen eine deutlich größere Wirkung zeigen. Außerdem sind sie die Basis für Inhalte, die Besucher zu weiteren Zugriffen auf dein Internetangebot animieren. Mit der Auswahl von Keywords legst du dich also genaugenommen auf eine bestimmte Zielgruppe fest.

Alle diese Punkte sorgen dafür, dass die Auswahl von Keywords mit Bedacht und Voraussicht getroffen werden sollte. Auf was du achten kannst, um deine Auswahl zu verbessern, erfährst du in diesem Kapitel.

So findest du relevante Keywords für deine Wordpress-Seite

Es gibt zumindest zwei Ansätze, wie du *Keywords* bestimmen kannst, die zu deiner Wordpress-Seite passen. Zum einen kannst du überlegen, welche Begrifflichkeiten und Wortkombinationen du selbst nutzen würdest, um Inhalte wie die eigenen zu finden. Versuche dabei, nicht nur einzelne Wörter zusammenzutragen. Formuliere typische Fragen oder Sätze, die eine Verbindung zu deinen Inhalten aufweisen. Das Ergebnis kann dir gerade dann, wenn du die ersten Inhalte deines Blogs planst, besonders gut helfen.

Andererseits gibt es professionelle Tools, um **Keyword-Listen** zu erstellen. Gleichzeitig erhältst du so häufig zusätzliche Informationen, die du bei der Bewertung der Ergebnisse berücksichtigen kannst. Vor allem sind diese Tools kostenlos verfügbar. Und zudem leicht zu bedienen.

Wenn du gerade mit der Suchmaschinenoptimierung beginnst, starte am besten bei den beiden beliebtesten Suchmaschinen: **Google und Bing**. Beide betreiben eine Plattform, über die Webseitenbetreiber kostenpflichtig Anzeigen schalten können. Zu diesem Zweck bieten sie aber auch **Keyword-Tools** an, die eine Webseite nach relevanten Begriffen scannen oder zu einem vordefinierten Begriff passende Vorschläge zurückliefern kann.

Wir greifen dabei bewusst auf die Angebote von Google und Bing zurück. Denn deren Keyword-Tools basieren auf tatsächlichen und bis dato protokollierten Suchanfragen anderer Nutzer. An den Ergebnissen kann man also aktuelle Trends und verschiedene statistische Größen besonders gut messen. Und du benötigst schließlich eine möglichst aussagekräftige Datenbasis.

Meldet dich deswegen als erstes bei Google Ads an. Mit ein bisschen Glück bekommst du sogar einen Gutschein für erste Werbekampagnen, den du eventuell später nutzen kannst. Bevor du aber überhaupt über kostenpflichtige Anzeigen nachdenkst, solltest du erst die **SEO-Tipps** aus diesem Buch erfolgreich umgesetzt haben. Dazu nutzt du nach der erfolgreichen Anmeldung den sogenannten *Keyword-Planer*, den du unter den **Tools** findest.

Beim Start wirst du direkt aufgefordert, entsprechende Wörter oder Wortgruppen einzugeben, damit nach Keywords für dich gesucht werden kann. Alternativ kannst du aber auch die Adresse deiner Internetseite eingeben. In diesem Fall wird der Keyword-Planer deine Internetseite untersuchen und anhand des identifizierten Contents passende Keywords vorschlagen. Dieses Vorgehen ist jedoch vergleichsweise restriktiv. *Interessanter sind die Keywords, die du bislang noch nicht genutzt hast und die sich noch nicht aus deinen Beiträgen ableiten lassen.*

Falls du dir vorher schon selbst Gedanken gemacht hast, kannst du an dieser Stelle alle Keywords eintippen, die dir eingefallen sind. Ansonsten solltest du dir spätestens jetzt Gedanken über Begriffe machen, die Internetnutzer auf der Suche nach deinen Inhalten eingeben könnten. Sobald du ein paar Wortkombinationen eingegeben hast, startest du wiederum die Suche.

Nach einem kurzen Moment wirst du eine Tabelle mit allen denkbaren Keywords zu dem Thema deines Blogs oder speziell für deine Webseite sehen. Ebenfalls in dieser Liste enthalten sind Angaben zu der Häufigkeit der Suchanfrage. Zudem kannst du die **Liste als CSV-Datei herunterladen** und in Excel bearbeiten.

Da die Liste anfangs sehr lang sein wird, beherzige folgenden Tipp: schau nach der ersten Abfrage die Ergebnisse durch und übernimm ein paar der Begriffe in deine Suchanfrage. So kannst du die Anzahl der Vorschläge reduzieren und gleichzeitig die Ergebnisqualität erhöhen. Gehst du mehrmals so vor, wirst du am Ende eine Keyword-Liste haben, die mit hoher Wahrscheinlichkeit *optimale Keywords für die Suchmaschinenoptimierung deiner Wordpress-Seite* enthält.

Damit stellt sich andererseits aber auch die Frage, wie du deine Ergebnisse bewerten sollst. Ein paar Tipps und Tricks dazu will ich dir natürlich nicht vorenthalten. Lass dir bei der Auswahl der betreffenden Keywords aber genug Zeit. Im Zweifelsfall kann es sich sogar lohnen, die Recherche über mehrere Tage zu wiederholen, um erste Trends anhand der Daten zu erkennen.

Keywords bewerten: diese Punkte solltest du beachten

Für die *Auswahl der besten Keywords* gibt es zunächst ein paar Grundregeln. Sie stützen sich insbesondere auf Erfahrungswerte und einfachen logischen Grundsätzen. Gerade bei den ersten Bemühungen deine Wordpress-Seite für Suchmaschinen zu optimieren, solltest du unbedingt auf diese Punkte achten. So ersparst du dir jede Menge Arbeit, die sich am Ende vielleicht noch nicht einmal lohnt. Gerade zu Beginn ist es lohnenswert, sich auf ganz bestimmte Keywords zu beschränken.

Die *grundlegenden Tipps* lauten:

- Achte auf **Variationen** deiner zentralen Keywords. Solche Variationen entpuppen sich später häufig als LSI Keywords. Außerdem grenzen sie dein Zielpublikum stärker ein. Dadurch wird es dir leichter fallen, passende Inhalte für die jeweilige Zielgruppe zu erstellen.
- Allgemein **besonders beliebte Keywords** wirken zwar verlockend, sind jedoch regelmäßig eher Zeitverschwendung. Je häufiger ein Keyword angefragt wird, umso höher ist auch die Wahrscheinlichkeit, dass bereits viele Webseiten um das Ranking konkurrieren.
- Suche nach Keywords, die weniger, aber weiterhin häufig bei Recherchen genutzt werden. Wird ein Keyword mehr als 10.000 Mal im Monat bei Google angefragt, werden bereits viele Seiten mit ihm arbeiten und du kannst nur schwer unter den ersten Suchergebnissen auftauchen. Für Begriffe, die hingegen nur **100 oder 1.000 Mal im Monat angefragt** werden, ist deine Zielgruppe weiterhin groß, die Konkurrenz aber deutlich geringer. Inhalte zu zwei, drei solcher Keywords können daher schnell deutlich mehr Besucher anlocken.

Anhand dieser drei Tipps solltest du die Ergebnisse aus dem Keyword-Planer bereits eingrenzen können. Zusätzlich kannst du in den Einstellungen des Tools selbst **eine grundlegende Eingrenzung der Zielgruppe vornehmen**. Gerade dann, wenn dein Keyword englischsprachige Begriffe enthält, lohnt sich das. Andernfalls könnten auch die Suchanfragen von englischsprachigen Nutzern berücksichtigt werden, obwohl du deine Inhalte nur in Deutsch anbietest. Zumindest das Herkunftsland darf meist in den Filtereinstellungen nicht fehlen.

Im nächsten Schritt kannst du nach **Keywords suchen, die konkrete Probleme oder Anliegen der Internetnutzer wiedergeben.** Diese Probleme und Anliegen eignen sich im weiteren Verlauf hervorragend als Thema für neue Inhalte. So kannst du nicht nur Besucher anlocken, sondern auch mit den präsentierten Inhalten überzeugen. Hilfst du deinen Besuchern mit deinen Beiträgen oder stellst du nützliche Informationen zur Verfügung, werden sie sicherlich häufiger wiederkehren.

Schließlich solltest du den Selbsttest wagen und die Keywords für eine Suchanfrage nutzen. Warum? Ganz einfach: finde heraus, wer deine Konkurrenz bei diesen Keywords ist. Was für Inhalte präsentieren die Seiten, die in den Ergebnissen weit vorne auftauchen? Kannst du Inhalte anbieten, die dort noch nicht vorkommen? Oder kannst du es besser? Sind deine Informationen nützlicher?

Wenn du diese Fragen überwiegend positiv beantwortest, hast du die aktuell besten Keywords für dich identifiziert. Trotzdem solltest du eines nicht vergessen: es handelt sich stets um eine Momentaufnahme. **Die Keyword-Recherche ist eine regelmäßige Aufgabe.** Nur wenn du von Zeit zu Zeit prüfst, ob du noch die relevantesten Begriffe, Anliegen und Fragen deines Zielpublikums aufgreifst, kannst du dir langfristigen Erfolg sichern. Zumindest einmal im Monat solltest du schauen, welche neuen Wortkombinationen im Trend liegen. Oder zu welchen Fragestellungen du neue Inhalte veröffentlichen könntest.

Daneben kann eine **steigende Konkurrenz** ein frühzeitiges Zeichen sein, dass du nach neuen Keywords suchen musst. Wenn immer mehr Webseiten über das gleiche Thema berichten bzw. es aufgreifen, wird es auch schwieriger, gute Platzierungen in Suchmaschinen zu erreichen. Kurzum kannst du dich auf deinen Lorbeeren nicht ausruhen. Denn es wird immer weitere Webseitenbetreiber geben, die dir deine Suchergebnisplatzierungen abspenstig machen wollen. Und das ist umso mehr ein Grund, hochwertige Inhalte zu veröffentlichen. Denn – wie eingangs bereits erwähnt – *Qualität zieht Besucher nicht nur an, sie bindet sie auch.*

Da du inzwischen ein paar Keywords gefunden haben solltest, mit denen wir weiterarbeiten können, sollten wir direkt mit deinen Inhalten fortfahren. Solltest du noch keine veröffentlicht haben, kein Problem. In diesem Fall kannst du die folgenden Hinweise und Tipps bereits bei der Erstellung berücksichtigen. Hast du hingegen bereits Inhalte veröffentlicht, ist nun die beste Gelegenheit, um deinen *Content* zu aktualisieren und allgemein zu überarbeiten.

Schritt 2: So optimierst du deinen Content!

Grundregeln für hochwertigen Content zu ausgewählten Keywords

Bevor wir starten, kann ich eines gar nicht oft genug betonen: die besten Platzierungen erreichst du in den Suchergebnissen mithilfe von hochwertigem Content. Um das Phrasenschwein noch weiter zu füllen, kannst du dir stets *„Klasse statt Masse"* als Leitgedanken in Erinnerung rufen. Außerdem gilt nachfolgend häufig *„weniger ist mehr"*. Gerade das System von Google wird stetig besser darin, übermäßig starke SEO-Bemühungen zu erkennen. Webseiten, bei denen dieser Punkt auffällt, werden über kurz oder lang mit schlechteren Platzierungen abgestraft und verlieren somit Besucher.

Vor einiger Zeit war es durchaus zielführend, eine große Anzahl von Keywords zu recherchieren und mit dieser Auswahl einige wenige Beiträge zu spicken. Die daraus resultierende hohe Keyword-Dichte verbesserte das Suchmaschinen-Ranking deutlich. ***Inzwischen ist der Effekt jedoch genau entgegengesetzt.*** RankBrain und andere Formen der künstlichen Intelligenz ermöglichen nun einmal eine deutlich differenzierte Bewertung von Internetauftritten.

Nach wie vor gibt es grundlegende Regeln, wie ein SEO-optimierter Inhalt zu gestalten ist. Aber auch dabei gilt immer, dass die Qualität des Inhalts wichtiger als die strikte Einhaltung von SEO-Grundsätzen ist. Alle SEO-Maßnahmen können dir zwar helfen, Besucher auf deine Internetangebote zu locken. Das hilft dir aber andererseits überhaupt nicht, wenn du keine interessanten Beiträge und Informationen hast. ***Gute Inhalte werden mit wiederkehrenden Besuchern, Lesern und vielleicht sogar mit Abonnenten belohnt.*** SEO-Strategien für sich alleine genommen hingegen nicht.

Falls du noch keine weitergehende Erfahrung mit dem Erstellen suchmaschinenoptimierter Inhalte hast, ist das aber kein Problem. Denn Wordpress bietet hier einen besonderen Vorteil, nämlich die Plugins. Zahlreiche dieser Erweiterungen wurden bereits für die Suchmaschinenoptimierung entwickelt und veröffentlicht. Und alle diese Plugins haben Stärken und Schwächen. Wenn es um qualitativ hochwertigen Content geht, musst du andererseits aber ganz besonders eines unbedingt kennen: *Yoast SEO.*

Yoast SEO ist sowohl in einer kostenlosen wie auch in einer kostenpflichtigen Version verfügbar. Zwar ist letztere in jedem Fall ihren Preis wert. Für den Anfang wird die kostenfreie Variante hingegen vollkommen ausreichen. Das Plugin wird dir definitiv dabei helfen, auf Keywords ausgerichtete Inhalte zu verfassen. Dabei liefert es dir nicht nur in Echtzeit wichtige statistische Werte. Zusätzlich zeigt es mithilfe eines Ampelsystems an, ob dein Content verbesserungswürdig oder gerade richtig ist. Und es warnt dich auch davor, wenn du es mit der SEO-Ausrichtung übertreibst.

Was macht hochwertigen Content aus?

Es gibt unzählige Gründe, wofür Menschen das Internet nutzen. Zu den häufigsten gehören wohl Unterhaltung, sozialer Austausch und die *Informationsbeschaffung*. Im Zusammenhang mit Suchmaschinen lässt sich diese kurze Liste wiederum weiter reduzieren. In aller Regel nutzen wir Google & Co., um Informationen zu einem bestimmten Thema zu finden. Immer häufiger geht es dabei um konkrete Fragestellungen oder Probleme. Gerade im Bereich „Do-it-yourself!" und zur „Selbsthilfe" finden man immer mehr Online-Inhalte.

Davon abgesehen ist es zudem einfacher, diese Internetnutzer an die eigene Wordpress-Seite zu binden. Zumindest dann, wenn man ihnen Inhalte bieten kann, aus denen sie einen Nutzen ziehen können. Daraus ergibt sich gleichzeitig auch die grundlegende Konzeption für alle deine zukünftigen Beiträge. Fokussiere dich darauf, deinen Lesern zu helfen oder Wissenswertes mit ihnen zu teilen. ***Verbinde ihren Besuch deines Blogs mit einem Mehrwert.***

Deswegen solltest du auch nach Wortkombinationen für deine Keyword-Auswahl suchen. Weiter oben bereits genannte *LSI Keywords* eignen sich hervorragend, um auf ihrer Basis neue Inhalte zu erstellen. Mit der richtigen Auswahl steht dir ein ganzer Katalog an Fragen und Anliegen zur Verfügung, die du nach und nach bearbeiten, kommentieren oder zu denen du eine Lösung präsentieren kannst. Gelingt dir das recht gut, werden neue Besucher häufig auf deinen Blog zurückkehren, um nach Neuigkeiten zu schauen.

Allerdings gibt es dahingehend ein zwei Haken, denen du dir unbedingt bewusst sein musst. Im Internet sind die Informationen rund um die Uhr verfügbar. Und jeder kann jederzeit neue Informationen veröffentlichen. Deswegen gibt es drei goldene Regeln, die du stets beachten musst, um wirklich erfolgreich mit deiner Webseite zu sein:

1. Regelmäßigkeit.
2. Aktualität.
3. Einzigartigkeit.

Anhand dieser Maßstäbe werden nicht nur Suchmaschinen, sondern auch Internetnutzer selbst die Qualität deiner Inhalte bewerten. Sie wirken sich entsprechend direkt auf deinen Erfolg beim Bloggen aus.

Mit *Regelmäßigkeit* ist insofern die möglichst stetige Veröffentlichung neuer Inhalte gemeint. Wenn du gleich zu Anfang fünf oder sechs Beiträge veröffentlichst, dann aber keinen einzigen mehr, wird eine Suchmaschine davon ausgehen, dass du den Internetauftritt nicht mehr pflegst. Das beeinflusst dein Ranking negativ. Besucher werden wiederum aufhören, regelmäßig vorbeizuschauen.

Um das zu verhindern, musst du eine gewisse *Aktualität* gewährleisten. Wenn du regelmäßig neue Beiträge veröffentlichst, löst du dieses Problem also gleich mit. Dabei musst du dir noch nicht einmal vollkommen neue Themen oder Inhalte überlegen. Du kannst durchaus ältere Beiträge wiederverwerten. Kopiere die Inhalte, schreibe sie um und füge neue aktuelle Informationen hinzu. Schon hast du einen neuen Inhalt, den du als nächstes veröffentlichen kannst.

Achte dabei allerdings auf eine gewisse *Einzigartigkeit*. Andernfalls wird deine Webseite eintönig und wenig animierend wirken. Das gilt genauso, wenn du Inhalte von anderen Internetauftritten weiterverarbeitest. In keinem Fall sollte daraus ein Plagiat resultieren. Denn das bewerten Suchmaschinen gleich mehrfach negativ. Hohe Übereinstimmungen von Texten zweier unterschiedlicher Auftritte werden als ein deutliches Indiz für die geringe Qualität der jüngeren Webseite gewertet.

Zumindest gibt es aber auch typische Strukturen für Inhalte, die für einen Grunderfolg sorgen. Es handelt sich dabei um allgemeine Konzepte für die Erstellung von Inhalten, die weit verbreitet sind und immer wieder hervorragend funktionieren. Sie ergeben sich aus typischen Trends bei Suchanfragen und aus den Inhalten, die dabei überwiegend abgerufen werden. Einmal gelesen, wirst du die nachstehenden *Erfolgsrezepte* für Wordpress-Inhalte oft wiedererkennen.

Erfolgsrezepte für neuen und beliebten Content

Der durchschnittliche Internetnutzer ist ungeduldig und hat es eilig. Zumindest bekommst du diesen Eindruck, wenn du dir die zahlreichen Studien ihres Verhaltens näher anschaust. Meist kommen diese Untersuchungen zu folgenden Schlüssen:

- Wer Informationen im Internet sucht, berücksichtigt *häufig nur die ersten zehn Ergebnisse* einer Suchanfrage, höchsten jedoch die Ergebnisse der ersten Seite.
- Beim Aufruf eines Suchergebnisses entscheidet der Nutzer bereits innerhalb weniger Sekunden, *ob die gefundenen Informationen relevant sind* und
- der *Wechsel zurück zu den Suchergebnissen* erfolgt im Zweifelsfall sehr schnell.

Und diese Ergebnisse sind kaum von der Hand zu weisen. Für deine Inhalte heißt das allerdings auch, dass sie so gestaltet sein müssen, dass sie direkt das Interesse eines Besuchers auf sich ziehen. Zunächst müssen die Überschrift und die Beschreibung in den Suchergebnissen zum Klicken animieren. Danach muss dein neuer Besucher unmittelbar den Eindruck haben, dass sich die weitere Auseinandersetzung mit deinen Inhalten lohnt.

Das hört sich nach einer großen Herausforderung an. Tatsächlich haben sich aber bestimmte Erfolgsrezepte in den letzten Jahren herauskristallisiert, die deine Chance auf eine erfolgreiche Ansprache der Internetnutzer erhöhen. Es geht dabei insbesondere um *Formulierungen* und den *grundlegenden Aufbau* deines Contents.

Wir machen uns an dieser Stelle die Ungeduld und Eile der Besucher zunutze. Dazu suggerieren wir ihnen möglichst unbewusst, dass sie auf deiner Webseite schnell und einfach an die gewünschten Informationen kommen. Gleichzeitig wecken wir ihr Interesse, indem zunächst ein Problembewusstsein geschaffen und dann die dringend benötigte Lösung präsentiert wird. Zum Teil gilt das auch im übertragenen Sinne.

Typischerweise werden entsprechende Titel von Beiträgen wie folgt formuliert:

Beziehen wir uns auf ein Keyword, das in etwa der Art „wie macht man (...)?" entspricht, lautet unser Titel:

- „So macht man (...)!" oder
- „Das musst du beim (...) machen beachten!"

Umfasst das Keyword wiederum Begriffe wie „beste", „Erfahrungen", „Test" und dergleichen, sind häufig Ranglisten eine gute Wahl:

- „10 Infos über (...), die du kennen musst!"
- „Die besten 10 (...) in (Jahresangabe)!"

Sogenannte „Zum ersten Mal"-Berichte werden ebenfalls immer häufiger bevorzugt gelesen. Beispieltitel lauten unter anderem

- „Erstes Mal (...): Das habe ich gelernt!"
- „Nicht zu glauben: erstes Mal (...)!"
- „Unglaublich: Das ist mir beim ersten Mal (...) passiert!"

Vielleicht fällt dir bereits selbst auf, dass diese Titel mitunter neugierig machen, den zugehörigen Beitrag zu lesen. Die Überschrift allein reicht allerdings nichts aus. Auch der Artikel an sich muss so aufgebaut sein, dass er die Neugierde der Besucher weckt. Wer die ersten paar Worte liest, sollte zum Weiterlesen animiert werden. Dazu eignet sich der Aufbau einer *Spannungskurve*.

Hinsichtlich der Spannungskurve gibt es ebenfalls eine Basis, die fortlaufend erfolgreich eingesetzt wird. Und nicht nur bei Blog- oder News-Beiträgen. Auch in Werbemails ist sie oft zu finden. Immerhin kann sie gleichermaßen einen Käufer wie auch einen Leser zu der gewünschten Handlung bewegen. Diese Basis umfasst folgende Elemente:

1. **Problembeschreibung**: als eine Art Einleitung wird zunächst das eigentliche Problem geschildert. Allerdings nicht in allgemeiner Weise, sondern auf die Person des Autors bezogen. Dadurch soll sich der Leser an sich selbst erinnert, direkt angesprochen und mit dem Autor verbunden fühlen.
2. **Vergebliche Versuche das Problem zu lösen:** darauf folgt eine Passage, in der kurz vergebliche Versuche, das jeweilige Problem zu lösen, erläutert werden. Es sollte sich um bekannte Tipps und Tricks handeln, die der Besucher sehr wahrscheinlich ebenfalls schon probiert hat und bestenfalls genauso damit gescheitert ist.
3. **Tatsächliche Problemlösung:** nun berichtest du darüber, wie du das Problem letztlich lösen konntest, was dazu nötig war und worauf man dabei achten sollte. Hier wird der eigentliche Mehrwert deiner Inhalte deutlich. In diese Passage solltest du besonders viel Mühe investieren und sorgfältig recherchieren.
4. **Persönliches Fazit:** und schließlich endest du mit einer kurzen Zusammenfassung und gibst deine abschließende Meinung preis. Es kann sich dabei genauso um eine Empfehlung wie auch um weiterführende Tipps handeln. Biete hier noch einmal einen Mehrwert, um deine Besucher zu einem erneuten Besuch zu animieren.

Wie bereits erwähnt, achte in der nächsten Zeit einmal genauer auf die Inhalte, die du dir anschaust. Ich bin mir sicher, dass du dieses Muster sehr häufig wiedererkennen wirst. Es wird auch nicht nur bei Texten, sondern zum Teil sogar bei Videos eingesetzt.

Apropos: erinnere dich an die einführenden Worte! Zu gegebener Zeit solltest du auf jeden Fall darüber nachdenken, deine Inhalte um ausgewählte Medien zu erweitern. Grafiken, Videos oder sogar Podcasts sorgen für einen idealen Medienmix, der sich positiv auf dein Suchmaschinen-Ranking auswirkt.

SEO-Grundsätze für deine Blog-Inhalte

Ganz egal, ob du deine Inhalte über arbeitest oder erstmalig verfasst. Neben den bisherigen Tipps zu deren Gestaltung solltest du auch verschiedene Grundsätze der Suchmaschinenoptimierung berücksichtigen. *Diese Grundsätze sorgen dafür, dass Suchmaschinen deine Inhalte besser analysieren können und besser bewerten.* Sie ändern sich von Zeit zu Zeit, weil die Algorithmen der Suchfunktionen verbessert und angepasst werden. Deswegen solltest du dich auch regelmäßig über neue Trends zu diesem Thema informieren.

Wir betrachten an dieser Stelle insbesondere zwei Aspekte, nämlich die *Lesbarkeit* und *SEO-Statistiken*. Letztere erhöhen den Informationsgehalt deiner Inhalte und signalisieren einen entsprechenden Mehrwert. Die Lesbarkeit sorgt hingegen für die Verständlichkeit deiner Texte und animiert den Besucher dazu, weiterzulesen.

Achte dazu auf folgende Punkte hinsichtlich der *Lesbarkeit:*

- Konzentriere dich auf *eine einfache, leicht verständliche Ausdrucksweise*. Nutze hierzu die kostenlos verfügbaren Tools, um den Flesh-Reading-Ease-Index deiner Inhalte zu ermitteln. Gerade kurze, prägnante Sätze wirken sich besonders positiv aus.
- *Vermeide zudem passive Ausdrucksweisen* und benutze stattdessen *mehr Bindewörter*. Das wird gerade von Google besonders positiv bewertet und Leser können sich schneller in die Inhalte vertiefen.
- Arbeite mit einer *logischen Struktur* deines Contents und nutze dazu *regelmäßig Zwischenüberschriften*. Bedenke dabei, dass der grundlegende Aufbau von Wordpress-Beiträgen in der Regel bereits eine H1-Überschrift beinhaltet. Daneben sind 2 bis 3 H2- und gern 4 bis 5 H3-Überschriften empfehlenswert. Allerdings nur, wenn es die Länge deines Beitrags zulässt.
- Ansonsten sollten sich deine Sätze nicht stetig, wenn auch nur teilweise, wiederholen. Ein gewisses Maß an *Abwechslung* bindet Besucher deutlich besser als ein monotoner Schreibstil.

Wegen der steigenden Bedeutung der Inhaltsqualität, kannst du dich bevorzugt auf diese Punkte konzentrieren. Die Punkte für eine erforderliche *SEO-Statistik* ergeben sich daraus ohnehin häufig von allein. Zu den wichtigsten Eckpunkten zählen:

- Die *Häufigkeit des Keywords* im Text. Übertreibe es damit nicht. Maximal 2 % des Inhalts sollten vom Keyword beansprucht werden. Nutze stattdessen lieber zusätzlich Synonyme oder weitere, abweichende Keywords.
- Das jeweilige *Keyword* sollte zudem *im Titel, wie auch in der Beschreibung* sowie im ersten Absatz deines Beitrags enthalten sein. Im Titel darf es gern am Anfang stehen. Wenn du es dann auch noch *in der URL* zu dem Inhalt unterbringst, ist das optimal.
- Wenn du Bilder einfügst, hinterlege ein *Alt-Tag*, das entweder das Keyword oder ein Synonym beinhaltet.
- Füge außerdem *externe Links zu relevanten Inhalten* in deinen Beitrag ein, um den hohen Gehalt der angebotenen Informationen zu unterstreichen.
- Genauso wichtig sind aber auch *interne Links zu weiterführenden Inhalten*. Sie erhöhen den Eindruck, dass du relevante Informationen anbietest. Und neue Benutzer werden dadurch eventuell länger auf deiner Wordpress-Seite verweilen.
- Ansonsten sollte dein Beitrag *zumindest 300 bis 500 Wörter* beinhalten und ein *Keyword* aufgreifen, das du *vorher noch nicht benutzt* hast-

Hast du das *Plugin Yoast SEO* installiert, wird es diese Werte automatisch und fortlaufend prüfen. So kannst du auch zu einem anderen Zeitpunkt schnell herausfinden, ob deine Inhalte noch den jeweils aktuellen Erfordernissen entsprechen.

In jedem Fall werden diese Punkte dazu führen, dass Suchmaschinen deine Inhalte besser verarbeiten und zumindest teilweise leichter finden können. *Bevor du allerdings deutlich mehr neue Besucher auf deinen Internetauftritt locken kannst, muss dieser erst bekannter werden.* Auf diese Weise kannst du nicht nur neue Besucher erreichen, sondern auch von deren Weiterempfehlungen profitieren.

Schritt 3: Erhöhe die Bekanntheit deines Blogs!

An dieser Stelle könntest du nun etwas verwundert sein. Soll nicht genau das unser Ziel im Rahmen dieses Buches sein? Und natürlich hast du damit erneut recht. Dennoch gibt es hierbei einen wichtigen Punkt zu beachten. Wenn niemand von deiner Existenz weiß, kann auch niemand nach dir suchen. **Hast du allerdings bereits eine gewisse Bekanntheit erreicht, kannst du sie deutlich einfacher vergrößern.** Und genau dazu nutzen wir wenige ausgesuchte, simple Mittel.

Drei Maßnahmen drängen sich förmlich auf, um den Bekanntheitsgrad einer Wordpress-Seite schnell und zeitnah zu vergrößern:

1. *Registriere deine Wordpress-Seite bei den großen Suchmaschinen.* Die Suchmaschinen werden so erst richtig auf deinen Blog aufmerksam gemacht. Vor allem werden sie zukünftig regelmäßig schauen, ob es neue Inhalte unter der jeweiligen URL zu finden gibt und diese indexieren. Gleichzeitig bieten diese Dienste Zusatzfunktionen, wie zum Beispiel Berichte, wie viele Klicks deine Suchmaschineneinträge zu welchen Keywords erzielt haben. Insbesondere für die Google Search Console und die Bing Webmaster Tools lohnt sich die Anmeldung.
2. Zusätzlich solltest du *Ping-Services* nutzen, die Google & Co. unterstützen. Über diese Ping-Services kannst du schnell und einfach darüber informieren, wenn du neue Beiträge veröffentlichst. Das funktioniert übrigens vollkommen automatisch! Aber auch hier gilt: *„weniger ist mehr!"*
3. Trag deine Wordpress-Seite in Verzeichnisse ein. Einerseits kannst du dazu *Blog-Verzeichnisse* nutzen, in denen häufig eine kostenlose Eintragung möglich ist. Andererseits gibt es *RSS-Verzeichnisse* in denen du die Feed-Adresse deiner Wordpress-Installation hinterlegen kannst. Dadurch werden neue Beiträge von dir auf mehreren Internetseiten gleichzeitig bekanntgegeben. Und du erhältst bereits erste Backlinks ganz automatisch, ohne noch viel dafür zu tun.

Sofern du in irgendeiner Art soziaem Netzwerk, Forum oder Chat regelmäßig unterwegs bist, kannst du die Adresse deiner Internetseite zusätzlich über das Profil auf diesen Plattformen bekannt machen. Es kommt sehr häufig vor, dass andere Nutzer aus Neugier die Profile der übrigen Mitglieder betrachten und unter anderem Links zu persönlichen Homepages öffnen. Bist du Mitglied in einem Forum, das sich mit Problemen rund um deine Keywords befasst, hast du zusätzlich die Möglichkeit, deine Zielgruppe direkt anzusprechen. Nutze diese Chance!

Diese letzte Möglichkeit solltest du allerdings erst dann nutzen, wenn du schon verschiedene Beiträge veröffentlicht hast. Ist lediglich ein bisschen Inhalt zu ein oder zwei Themen verfügbar, könnte das Erstbesucher genauso gut abschrecken.

Befasse dich daher ausgiebig mit deinem Content, bevor du diesen Schritt in Angriff nimmst. Zu jederzeit ist die Qualität und der Inhalt deiner Beiträge wichtiger, als weiterführenden SEO-Tipps für Wordpress-Seiten. **Letztlich wirst du stets mehr Besucher haben und eine größere Beliebtheit genießen aufgrund der angebotenen Inhalte und nicht aufgrund der Anzahl von Profilen auf anderen Seiten.**

Hast du hingegen bereits die Bekanntheit deines Internetauftritts etwas erhöht, wird es Zeit, sich der *automatischen Erstellung von Backlinks und Social Signals* zu widmen.

Schritt 4: Erstelle Backlinks und Social Signals automatisch!

Eine erste Möglichkeit, wie du automatisch Backlinks erzeugen kannst, habe ich beiläufig bereits erwähnt. *Mithilfe deines RSS-Feeds und entsprechenden Verzeichnissen kannst du vergleichsweise einfach die Links zu deinen Inhalten verbreiten.* Leider nimmt die Anzahl der soliden RSS-Verzeichnisse allmählich ab und immer weniger Betreiber bieten die kostenlose Aufnahme in ihr Verzeichnis an. Wir werden uns jedoch etwas weiter unten noch mit einer weiteren Möglichkeit beschäftigen.

Vorher werfen wir einen gemeinsamen Blick auf *Social Signals*. Gemeint sind damit Posts und Beiträge in sozialen Medien, die einen Bezug zu deinem Content herstellen. Der berühmte *„Teilen-Button"* ist das Stichwort.

Ob es dir gefällt oder nicht, soziale Medien sind heutzutage ein absolutes *Muss für jede SEO-Strategie*. Es gehört bereits zum guten Ton, die bekannten Funktionen für die gängigsten Plattformen anzubieten. Viele Internetnutzer verwenden soziale Medien sogar tendenziell wie eine Suchmaschine und erhalten ihre Informationen überwiegend über diese Kanäle.

Im Umkehrschluss bedeutet das: selbst, wenn du noch keine Accounts für sozialen Medien hast, musst du welche anlegen. Zumindest für deine Wordpress-Seite. Andernfalls beraubst du dich eines riesigen Potenzials von neuen Besuchern. *Aber welche Netzwerke sind aktuell wichtig?*

Die wichtigsten sozialen Netzwerke für Wordpress SEO-Maßnahmen

Der Begriff der *sozialen Netzwerke* ist sehr weitläufig. In einer einfachen Auslegung lassen sich darunter Video-Plattformen, zum Beispiel Youtube, genauso zusammenfassen, wie Kurznachrichtendienste á la Twitter. Für erfolgreiche Wordpress-SEO-Maßnahmen ist diese Definition jedenfalls zu ungenau. Stattdessen müssen wir uns mehrere *Anforderungen* verdeutlichen.

Zum einen wollen wir das Absenden von Beiträgen in diesen Netzwerken automatisieren. Deshalb benötigen wir Accounts in solchen sozialen Medien, die standardisiert bearbeitet werden können. Zum anderen sollten sie möglichst beliebt, also weit verbreitet sein und häufig genutzt werden. Außerdem kann es nicht schaden, wenn die Nutzerzahlen nahezu stabil sind. Zurückgehende Nutzerzahlen sprechen im Gegensatz dafür, solch ein Netzwerk nicht weiter zu bearbeiten.

Das solltest du aber nicht falsch verstehen. Über kurz oder lang benötigst du ein breites Spektrum sozialer Medien. Denn nur so kannst du deine Inhalte optimal verbreiten. Zudem sorgt das für den nötigen Medienmix, um die Qualität und Einzigartigkeit deiner Inhalte zu untermauern. *Zu Beginn der Suchmaschinenoptimierung beschränken wir uns allerdings auf wenige ausgesuchte Netzwerke. Dazu gehören:*

- Twitter,
- Facebook und
- Instagram.

Später kannst du dich zusätzlich mit Pinterest, Youtube und zum Beispiel Twitch beschäftigen. Zumindest kann ich dir das an dieser Stelle nur empfehlen. Bis dahin werden die zuerst genannten drei Kanäle hingegen ausreichen, um für die nötige Aufmerksamkeit und Präsenz in den sozialen Netzwerken zu sorgen.

Dazu wollen wir deine Wordpress-Seite so einrichten, dass *für jeden neuen Beitrag automatisch ein Tweet oder Post,* idealerweise mit relevanten Hashtags, erzeugt wird. Darüber hinaus werden wir interessierten Besuchern *Möglichkeiten anbieten, zeitnahe über neue Inhalte in deinem Blog informiert zu werden.* Alles, was wir dafür benötigen, ist, abgesehen von den erforderlichen Accounts, ein Plugin für deine Wordpress-Installation.

Wordpress-SEO: Automatisierung einrichten

Das Plugin, das ich dir gleich empfehlen werde, *löst zwei Aufgaben für dich:*

- Einerseits wird es *automatisch Tweets und Posts* für dich in den sozialen Netzwerken veröffentlichen und mit wenigen Klicks *Follow- und Share-Buttons* der wichtigsten Netzwerke in deinen Beiträgen anzeigen.
- Andererseits gibt es dir auch eine einfache Möglichkeit *Newsletter- und RSS-Feed-Abonnements* anzubieten und dabei gleichzeitig sogar *Backlinks* zu erzeugen.

Dazu benötigst du als erstes einen Zugang beim Service SpecificFeeds.com. Die Anmeldung ist kostenlos und du kannst im Anschluss direkt die Installation des Plugins vornehmen. Suche daher über das Admin-Panel deiner Wordpress-Seite nach *Ultimate Social Media PLUS*. Auch beim Plugin benötigen wir lediglich die kostenlose Version.

Sowohl für die Installation sowie für die Konfiguration stehen dir entsprechende Assistenten zur Verfügung. Überarbeite bei dieser Gelegenheit deine Profile und deren Inhalte in den sozialen Medien. Verwende in den Profiltexten Keywords, mach allgemein Lust auf deine Webseite. Und hinterlege die Accounts im Plugin bzw. auf der Homepage des Anbieters.

Ist das geschafft, wird zukünftig innerhalb weniger Minuten ein *neuer Backlink* auf SpecificFeeds erscheinen, sobald du einen neuen Inhalt veröffentlichst. Außerdem werden Posts und Tweets mit standardisierten Inhalten veröffentlicht. *Im Idealfall hast du die Vorlagen für die Beiträge mit Hashtags angereichert.*

Für noch bessere Ergebnisse, kannst du zusätzlich den Service buffer nutzen, um in regelmäßigen Abständen die Tweets und Posts über neue Inhalte zu wiederholen. Auch dieser Service kann in beschränktem Umfang kostenlos genutzt werden. Zwar musst du in diesen Zusatzservice etwas mehr Arbeit investieren, die Ergebnisse beeinflusst buffer jedoch merklich.

Letztlich sind wir damit an einem Punkt angekommen, an dem wir deine bisherigen Bemühungen revidieren und kontrollieren können.

Kurze Kontrolle: ein Zwischenstand zu deinen SEO-Maßnahmen

Wenn du den einzelnen Schritten bis hierhin gefolgt bist, hast du bereits einiges geschafft. Inzwischen:

- Recherchierst du regelmäßig nach den aktuell **besten Keywords** für deine Inhalte.
- Du erstellst **klar strukturierten und interessanten Content** mit Mehrwert. Und setzt dazu **verschiedene Medien**, wie Artikel und Videos oder Podcasts, ein.
- Deine Wordpress-Seite wird *in mehreren Verzeichnissen gelistet* und ist in einschlägigen Foren zu den betreffenden Themen bereits **bekannt**.
- Über **soziale Medien, Feeds und Newsletter** informierst du Stammleser über neue Inhalte. Gleichzeitig erzeugst du teilweise **automatisch Backlinks**, die das Ansehen deiner Seite positiv beeinflussen.
- Und die *Anzahl deiner Besucher am Tag, in der Woche und im Monat* ist angestiegen auf ...

Moment, du kennst die Zahlen nicht? Dann wird es Zeit, dass du eine Datengrundlage aufbaust, um deine Erfolge regelmäßig zu kontrollieren. Zum einen kannst du dazu problemlos die **Statistik-Plugins für Wordpress** benutzen. Diese haben jedoch mitunter gewisse Auswirkungen auf deine Webseite. Im schlimmsten Fall wird dein Internetauftritt langsamer, zumindest hinsichtlich der Ladezeiten.

Andererseits bietet sich auch hier ein Service aus dem Hause Google an. So sammelt Google Analytics kostenlos und zuverlässig alle relevanten Daten über deine Webseite. Zumindest, wenn du dem Dienst entsprechende Rechte einräumst und den Analyse-Code auf deiner Webseite hinterlegst. Auf das eine oder andere Ergebnis in kleineren Suchmaschinen kann sich das zwar negativ auswirken, **die Vorteile der umfangreichen Datensammlung gleichen das allerdings aus.**

Wenn du den Service zusätzlich noch mit der **Google Search Console** verbindest, kannst du mit wenigen Klicks auswerten, welche Zielgruppen du erreichst und welche Keywords für die Besucher interessant gewesen sind. Du kannst mitunter sogar das Nutzerverhalten auf deiner Internetseite bzw. auf deinem Blog analysieren und so unter Umständen wichtige Rückschlüsse für die weitere Gestaltung ziehen. Alles in allem bist du früher oder später auf diese Daten angewiesen, um herausfinden zu können, ob sich deine Mühen gelohnt haben.

Kontrolliere deswegen deine Ergebnisse regelmäßig, zumindest monatlich, **um rechtzeitig Korrekturen zu deinen SEO-Maßnahmen einleiten zu können. Oder um deine Strategie um weitere Maßnahmen zu erweitern.** Welche *SEO-Ansätze* zusätzlich infrage kommen, erfährst du nachfolgend!

Schritt 5: Weitere SEO-Maßnahmen für deine Wordpress-Seite

Nachdem du die *grundlegenden SEO-Strategien* umgesetzt hast, wirst du innerhalb kürzester Zeit einen Anstieg der Benutzerzahlen feststellen. Spätestens dann, wenn du für die erforderliche Datenbasis gesorgt hast. Spätestens jetzt ist jedoch der Zeitpunkt gekommen, ab dem du über deine weitere SEO-Strategie nachdenken musst.

Wichtige Themen sind und bleiben in dem Zusammenhang:

- Der weitere *Aufbau von Backlinks*.
- Die *Erhöhung des Bekanntheitsgrades* und
- die fortlaufende *Veröffentlichung von neuen Inhalten*.

Der letzte Punkt setzt eine entsprechende Planung und etwas Arbeit voraus. Gleichzeitig ist dieser Punkt aber auch ganz wesentlich für den Erfolg all deiner Anstrengungen. Denn lässt die Qualität deiner Inhalte nach, wird auch die Effektivität deiner SEO-Maßnahmen sinken.

Zumindest für die ersten beiden Punkte habe ich aber noch den einen oder anderen Tipp für dich.

Tipps für den weiteren Aufbau von Backlinks

Hast du die ersten Schritte für den Aufbau von Backlinks erst einmal eingeleitet, erfordert die Erhöhung der *Backlink-Komplexität* bis hin zu sogenannten *Backlink-Pyramiden* nicht nur Geschick. Gefragt ist zudem eine gehörige Portion von Kreativität. Die folgenden Tipps sollen dir einen Eindruck vermitteln, wie du vorgehen kannst.

TIPP #1: AUF KONKURRENZ-SEITEN AKTIV WERDEN

Suche zum Beispiel nach *Webseiten zu artverwandten oder ähnlichen Themen*. Du kannst auch deine Keywords nutzen, um Seiten aufzustöbern, die zu den gleichen Begriffen bessere Platzierungen erzielen. Beteilige dich auf diesen Seiten an Diskussionen und reiche anspruchsvolle Kommentare ein. Am besten legst du es auf Fachdiskussionen zu Themen an, die du beherrschst.

Oftmals wirst du so die Gelegenheit haben, den *Link zu deiner Internetseite als Profilinformation zu hinterlegen.* Auf diese Weise erzeugst du bei deiner „Konkurrenz" auf ganz legitime Weise Backlinks zu deinen eigenen Inhalten. Gleichzeitig stellst du diese Backlinks einem interessierten Publikum zur Verfügung. Nämlich den Besuchern, die nach genau solchen Inhalten gesucht haben.

TIPP #2: NEWS-PLATTFORMEN UND FREIE NACHRICHTENMAGAZINE NUTZEN

Nutze *News-Plattformen und freie Nachrichtenmagazine*, bei deinen du Vorschläge zu Beiträgen einreichen kannst. So wird der eine oder andere Beitrag von dir vielleicht dort veröffentlicht und du erhältst hochwertige Backlinks auf deinen Blog bzw. für deine Wordpress-Seite. Zum Teil besteht sogar die Möglichkeit, die Veröffentlichung deiner Inhalte zu automatisieren.

TIPP #3: GAST-BEITRÄGE VERFASSEN

Außerdem kannst du Betreibern von Webseiten über ähnliche Themen das kostenlose *Verfassen von Gast-Beiträgen* anbieten. Solche Gast-Beiträge haben die Wirkung von Expertenwissen und können das Ansehen deiner Internetseite deutlich erhöhen. Vor allem sorgen auch sie für sehr hochwertige Backlinks, die den Wert deiner Inhalte betonen.

Allerdings bleibt dabei zu beachten, dass sich diese Möglichkeit häufig nur in Form von Tauschgeschäften bietet. Oftmals wird der jeweilige Webseitenbetreiber auch auf deinem Blog einen Inhalt veröffentlichen wollen. So könntet ihr mitunter lediglich Besucher tauschen, aber nicht zusätzliche Besucher werben.

TIPP #4: BACKLINK-KAMPAGNEN KAUFEN

Gerade zu Beginn deiner SEO-Bemühungen, aber auch im späteren Verlauf, kann es sich lohnen, in eine Backlink-Kampagne zu investieren. Viele SEO-Profis bieten zugeschnittene *Kampagnen für jedes Budget* an. Der Vorteil liegt im geringeren Arbeitsaufwand. Und falls du über deinen Blog oder deine Wordpress-Seite Einnahmen generierst, werden die Investitionen häufig mehr als kompensiert. So erhältst du in jedem Fall *komplexe Backlink-Netze*, die entsprechend positiv von Suchmaschinen interpretiert werden.

Zuverlässige Anbieter findest du zum Beispiel unter folgenden Links:

- SEOeShop
- SEOClerks

Tipps für die Erhöhung des Bekanntheitsgrades

Natürlich eignen sich die **Tipps für den weiteren Aufbau der Backlinks ebenfalls** dazu, den eigenen Bekanntheitsgrad zu erhöhen. Auf der anderen Seite gibt es aber auch davon unabhängige Möglichkeiten. Dazu habe ich für dich ebenfalls ein, zwei Ideen zusammengestellt.

TIPP #1: DISKUSSIONSNETZWERKE EINBINDEN

Obwohl Wordpress bereits von Haus aus Möglichkeiten für Diskussionen bietet, sind die Kommentarfunktionen nur bedingt dafür geeignet. Sie erinnern nach wie vor an die früheren Mailing-Listen. Die Vielzahl der Internetnutzer hält diese Form der Konversation für antiquiert. Netzwerke wie Disqus erweitern die *Kommentarfunktionen* hingegen um zeitgemäße Standards und binden deine Webseite gleichzeitig in eine wachsende, wenn auch noch junge Community ein.

Entsprechende Aktivitäten vorausgesetzt, kannst du so ab einem gewissen Level sogar Geld mit Werbeeinblendungen verdienen. Bis dahin und darüber hinaus ist der Dienst kostenlos – das solltest du direkt nutzen!

TIPP #2: WERBE FÜR DEINE INHALTE

Wenn du einen umfangreichen Content-Bestand aufgebaut hast, könnten auch *bezahlte Anzeigen* in Suchmaschinen für dich interessanter werden. Je nach Keyword, für das du Anzeigen schalten willst, kann ein einzelner Klick zwar ein paar Cents kosten. Dafür erhältst du aber bewusste Zugriffe neuer Nutzer. Halten deine Inhalte dann auch noch, was sie versprechen, hast du dir schnell einen Stammleser gekauft.

Gerade für diesen Ansatz wird also bereits die vollständige Überarbeitung deiner Inhalte vorausgesetzt. Außerdem lohnt sich diese Vorgehensweise in der Regel nur, wenn du selbst Einnahmen mit deiner Wordpress-Seite erzielst. Diese Maßnahmen werden übrigens unter dem Begriff *SEM* zusammengefasst.

TIPP #3: NEUE BESUCHER MIT FREEBIES ANLOCKEN UND E-MAIL-LISTEN AUFBAUEN

Während du mit SpecificFeeds schon eine Newsletter-Liste aufbaust, kannst du andere Dienste, wie z.B. MailChimp nutzen, um weitere *E-Mail-Listen zu generieren*. Beliebte Mittel dafür sind insbesondere kostenlose Gimmicks, wie zum Beispiel E-Books, diverse Vorlagen oder Software-Keys. Um ein solches Gimmick zu erhalten, müssen sich Besucher für einen Newsletter anmelden und erhalten anschließend per E-Mail einen Download-Link.

Natürlich wählst du das Gimmick so, dass sich nur solche Besucher anmelden werden, die Interesse an deinen Hauptthemen haben. Nach Abschluss der Aktion verfügst du dann über eine **E-Mail-List mit lauter Personen, die besonders empfänglich für Sonderangebote, Gutschein-Aktionen und ähnlichem sind**, solange sie mit den jeweiligen Themen in Zusammenhang stehen. Für weitergehende Werbeaktionen oder die zusätzliche Verbreitung deiner Inhalte ist das eine hervorragende SEO-Maßnahme.

TIPP #4: TRAFFIC EXCHANGES NUTZEN

Außerdem ist die Nutzung von *Traffic Exchanges* ein beliebtes Mittel, um den Bekanntheitsgrad deiner Webseite zu erhöhen. Mit dem richtigen Service und einer korrekten Konfiguration, werden Suchmaschinen die zusätzlichen Zugriffe auf deinen Blog als **steigende Besucherzahlen** werten und Ergebnisse zu deinen Inhalten tendenziell besser bewerten. Das Prinzip dabei ist sehr einfach:

Du meldest dich bei einem Traffic Exchange an und lädst die erforderliche Software (oft als *Viewer* bezeichnet) herunter. Mit dieser Software öffnest du automatisiert die Internetseite anderer Mitglieder und erzeugst so entsprechende Zugriffe oder Hits für sie. Dafür erhältst du wiederum Punkte, die du für die Veröffentlichung deiner eigenen Webseite mithilfe der Software eintauschen kannst.

Je länger du die Software nutzt, umso mehr zusätzliche Zugriffe auf deine Internetseite kannst du also erzeugen. Entsprechende Optionen vorausgesetzt, kannst du den Traffic Exchange sogar so einrichten, dass echter, also ***hochwertiger organischer Traffic*** von den Suchmaschinen erkannt wird. In diesem Fall lohnt sich diese Maßnahme gleich doppelt.

Wenn du das selbst ausprobieren willst, besuche die Webseite: 9Hits.com.

Der Dienst ist kostenlos, bietet aber trotzdem eine Vielzahl von Einstellungs- und Konfigurationsmöglichkeiten. Für regelmäßig aktive Mitglieder gibt es außerdem Prämien.

Solltest du weitere Anregungen oder zusätzliche Informationen zu diesen Themen benötigen, schaue am besten regelmäßig in meine Bücherliste. *Über den effektiven Aufbau einer E-Mail-Liste erscheint bereits in Kürze mein nächstes Buch!*

„Bleib dran!" – ein paar Worte zum Abschluss

Zu guter Letzt möchte ich noch ein paar abschließende Worte an dich richten. Wenn du allen *Tipps und Tricks* aus diesem Buch folgst, solltest du innerhalb weniger Wochen eine deutliche Veränderung der Besucherzahlen deiner Wordpress-Seite feststellen. Ich nutze diese Tipps und Tricks selbst regelmäßig, um die Zugriffszahlen zu meinen Projekten zu erhöhen.

Die *Regelmäßigkeit* muss ich dabei besonders betonen. Wenn du die beschriebenen SEO-Maßnahmen einmalig durchführst, wirst du zumindest kurzfristig von ihnen profitieren. Wirklich erfolgreich kann deine Webseite aber nur werden, wenn du regelmäßig und zuverlässig an deinen Wordpress-Inhalten arbeitest.

Wie viel Mühe du am Ende tatsächlich in SEO-Maßnahmen investierst, diese Entscheidung triffst du natürlich selbst. Letztlich lohnt sich der Aufwand aber mit jedem Baustein umso mehr. Ich habe deswegen auch versucht, dir von der Basis bis zur Spitze des Themas *Wordpress SEO* einen Überblick zu verschaffen. Und ich hoffe, dass mir das gelungen ist.

Am Ende solltest du vor allem eines nicht vergessen: **am wichtigsten ist und bleibt die Qualität deiner Inhalte.** Wenn deine Inhalte wenig ansprechend sind, schrecken sie nur Besucher ab, die du zuvor mühevoll auf deine Wordpress-Seite geleitet hast. Investierst du aber etwas Arbeit in die Erstellung von ansprechenden Inhalten, die dem Leser einen Mehrwert bieten, wird sich der Erfolg fast von allein einstellen.

In diesem Sinne wünsche ich dir viel Erfolg! Und vielleicht liest man ja bald wieder voneinander.